LA HONGRIE

ET

L'ALIMENTATION DE L'EUROPE

DEUXIÈME ÉTUDE

PAR

E. BONTOUX

PARIS

IMPRIMERIE CENTRALE DES CHEMINS DE FER

A. CHAIX ET Cie

RUE BERGÈRE, 20, PRÈS DU BOULEVARD MONTMARTRE

1869

LA HONGRIE

ET

L'ALIMENTATION DE L'EUROPE

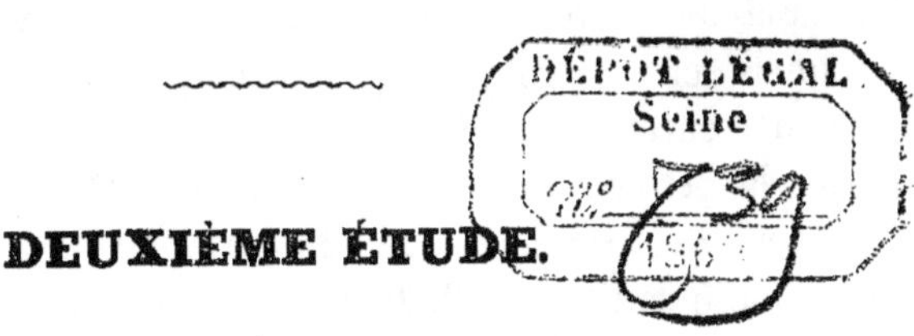

DEUXIÈME ÉTUDE.

A la fin de 1861, nous avons déjà publié, sous le même titre, un travail qui, à cette époque, était lu avec intérêt par quelques-uns, et traité de rêve par beaucoup d'autres. Alors que personne en Europe ne paraissait se douter des richesses prodiguées par la nature à un pays presque inconnu, nous disions que le moment était venu pour la Hongrie d'affirmer sa force productive et d'occuper un des premiers rôles dans le commerce européen.

Sept années, quelques secondes dans la vie des peuples, ont passé depuis cette époque, et nos prévisions ont été non-seulement réalisées, mais dépassées.

Les greniers de la Hongrie ont été, on peut le dire, officiellement reconnus par les gouvernements, comme par les halles et les marchés.

La Providence a fait à cet ancien peuple une faveur toute spéciale. Dans la même année où, après un long sommeil, plus apparent que réel, il témoignait à nouveau de sa vitalité politique, l'Europe reconnaissait sa vitalité économique, et lui apportait à l'envi ses millions, en échange des produits de son sol. Des bords de la Sprée à ceux de la Seine et de la Tamise, la famine désolait les plus riches régions, et précisément, à cette heure, s'élevait le nouveau drapeau sortant d'une gerbe assez riche pour nourrir les peuples voisins.

En abordant pour la seconde fois, après sept ans, la même question, nous devons aujourd'hui nous donner une tâche toute nouvelle; nous n'avons plus, comme en 1861, à établir la probabilité d'un fait alors problématique et aujourd'hui constaté (1); nous devons étudier dans quelles conditions le fait s'est produit, et surtout quels sont les moyens que la Hongrie doit mettre en œuvre, pour en assurer la permanence.

Dans la période écoulée du 1er juillet 1867 au 1er juillet 1868, il est sorti des frontières de la Hongrie, en céréales de toutes natures, une quantité de 30,801,557 quintaux. Si nous ajoutons à ce chiffre celui de 2,807,704 quintaux de farines exportés dans la même période, et si nous convertissons le tout en metzens, nous avons un total de 41,172,962 metzens que la Hongrie, dans l'espace d'une année, a fournis à la consommation étrangère. — La Hongrie peut donc dire que dans cette année, si pénible pour l'Europe, elle a nourri, outre sa propre population, 14 ou 15 millions d'hommes, et lorsque, après douze mois d'un mouvement uniquement limité par les moyens de transport, l'époque de la nouvelle récolte a amené un moment de répit, la féconde nourrice était loin d'être épuisée.

C'est là le fait, et le lecteur peut en étudier les détails dans les tableaux ci-après, dont les chiffres, puisés à des sources authentiques, sont au-dessus de tous les doutes.

---

(1) Voir à la fin de ce travail le tableau des exportations de l'Autriche, de 1855 à 1868.

TABLEAUX

A

Céréales et farines

DU 1er JUILLET 1867

TABLEAU DE RÉPARTITION ENTRE

	SOCIÉTÉ AUTRICHIENNE.		SUDBAHN.	
	CÉRÉALES.	FARINES.	CÉRÉALES.	FARINES.
				QUINTAUX
2e semestre 1867.	7.271.627	593.225	5.618.414	292.667
1er — 1868.	8.383.294	608.591	6.291.348	424.799
Année complète du 1er juillet 1867 au 1er juillet 1868.	15.654.921	1.201.816	11.909.762	717.466

B

Céréales et farines expédiées directement des

RÉPARTITION PAR LIGNE D'EXPÉDITION

QUINTAUX

VOIES D'EXPÉDITION.	FRONTIÈRES DE SORTIE.	2e SEMESTRE 1867.	
		CÉRÉALES.	FARINES.
	Reichenberg et Bodenbach.	2.162.800	148.639
	Oderberg et Oswiecim....	1.265.976	247.266
	Salzbourg et Passau......	1.009.760	37.939
	Trieste...............	2.528.058	256.372
	Cormons et Italie........	52.639	12.851
	Kufstein, voie du Brenner.	117.042	1.267
	Regensburg............	47.164	1.649
	Straubing..............	13.198	»
	Passau................	595.769	7.617
	Ports divers............	201.375	865

exportées de **Hongrie**.

AU 1er JUILLET 1868.

LES DIVERSES VOIES DE TRANSPORT.

COMPAGNIE DU DANUBE.		COMPAGNIE VIENNOISE DE TRANSPORT PAR EAU.		TOTAUX.	
CÉRÉALES.	FARINES.	CÉRÉALES.	FARINES.	CÉRÉALES.	FARINES.
DE DOUANE.					
1.620.931	375.669	174.152	14.520	14.685.124	1.276.081
1.225.196	481.953	216.595	16.280	16.116.433	1.531.623
2.846.127	857.622	390.747	30.800	30.801.557	2.807.704

stations de **Hongrie** au-delà des frontières de l'**Autriche**.

ET PAR FRONTIÈRE DE SORTIE.

DE DOUANE.

1er SEMESTRE 1868.		ANNÉE COMPLÈTE.	
CÉRÉALES.	FARINES.	CÉRÉALES.	FARINES.
2.613.267	148.340	4.776.067	296.979
1.553.961	267.731	2.819.937	514.997
1.571.996	13.225	2.581.756	51.164
3.070.320	316.750	5.598.378	573.122
146.466	14.318	199.105	27.169
220.858	1.303	337.900	2.570
172.169	13.969	219.333	15.618
33.889	610	47.087	610
479.384	3.001	1.075.153	10.618
109.272	12.102	310.647	12.967
TOTAUX.		17.965.363	1.505.814

C   **Céréales et farines exportées de Hongrie**

	SOCIÉTÉ AUTRICHIENNE.		SUDBAHN.	
	CÉRÉALES.	FARINES.	CÉRÉALES.	FARINES.
				QUINTAUX
2ᵉ semestre 1867. 1ᵉʳ — 1868.	5.477.161	338.676	5.774.479	114.605
Année complète.	5.477.161	338.676	5.774.479	114.605

D   **Céréales et farines réexportées des**

VOIES D'EXPÉDITION.	FRONTIÈRES DE SORTIE.	2ᵉ SEMESTRE 1867.	
		CÉRÉALES.	FARINES.
			QUINTAUX
WESTBAHN	Salzburg	2.344.224	199.587
	Passau	1.421.911	144.845
	Diverses	380.386	22.030
NORDBAHN	Oderberg	1.768.488	10.276
	Oswiecim	58.857	52

à destination des stations autrichiennes.

COMPAGNIE DU DANUBE.		COMPAGNIE VIENNOISE DE NAVIGATION.		TOTAUX.	
CÉRÉALES.	FARINES.	CÉRÉALES.	FARINES.	CÉRÉALES.	FARINES.
DE DOUANE.					
1.193.907	817.809	390.747	30.800	12.836.194	1.301.890
1.193.907	817.809	390.747	30.800	12.836.194	1.301.890

stations de l'Autriche à l'étranger.

1er SEMESTRE 1868.		TOTAUX.	
CÉRÉALES.	FARINES.	CÉRÉALES.	FARINES.
DE DOUANE.			
1.929.269	335.324	4.273.493	534.911
1.481.325	138.330	2.903.236	283.175
335.633	14.141	716.019	36.471
1.507.759	65.962	3.276.247	76.238
14.575	81	73.430	133
ANNÉE COMPLÈTE..........		11.242.425	930.628

E Tableau général du mouvement des céréales et farines exportées de Hongrie dans la période annuelle du 1er juillet 1867 au 1er juillet 1868.

RÉCAPITULATION.	QUINTAUX DE DOUANE.	
Exportation totale.	30.801.577	2.807.704
Quantités expédiées directement des stations hongroises, au-delà des frontières d'Autriche.	17.965.363	1.505.814
Quantités expédiées des stations hongroises aux stations autrichiennes	12.836.194	1.301.890
Quantités réexpédiées des stations Autrichiennes, au-delà des frontières d'Autriche.	11.242.425	930.628
Quantités restées en Autriche.	1.593.767	371.262

I Spécification, par nature, des céréales et farines, exportées de l'Autriche, du 1er juillet 1867 au 1er juillet 1868 (1).

NATURE DES CÉRÉALES ET FARINES.	CÉRÉALES.	FARINES.
Froment.	17.951.124	1.360.780
Seigle.	6.239.864	639.267
Orge.	5.048.659	»
Maïs.	1.747.783	739.060
Méteil	6.443.356	»
Totaux.	31.631.786	2.739.107

Nota. — Les différences entre les chiffres de ce tableau et ceux des précédents s'expliquent :
1° En ce qui concerne les grains, par ce fait que les chiffres du dernier tableau, extraits des états de douane de l'Empire, s'appliquent à toute l'exportation de l'Autriche, tandis que les autres ne concernent que la Hongrie;
2° [...] qui regarde les farines, par ce fait que, dans la classification des chemins de fer, les orges mondés et perlés sont

L'examen des tableaux qui précèdent, fait avec la carte sous les yeux, permet de tracer les diverses routes suivies par l'exportation. Ces routes peuvent se résumer en quatre directions principales :

1° Direction du Nord, conduisant à la Prusse orientale, et subsidiairement, par Stettin, en Angleterre.

2° Direction du Nord-Ouest, desservant Hambourg et les provinces rhénanes.

3° Direction de l'Ouest, desservant la France du Nord, Paris, la Suisse et, en partie, le Rhin.

4° Direction du Sud-Ouest, desservant le bassin de la Méditerrannée et l'Angleterre, par la voie de Trieste.

On nous dira, (et nous avons hâte de le dire nous-mêmes), le fait qui s'est produit dans la période de temps que vous envisagez, ce fait est anormal ; il est dû à un concours de circonstances qui ne se reproduira peut-être pas quatre fois, dans un siècle. Il a fallu, pour créer les faits que vous prétendez prendre comme jalons de l'avenir, que la Providence donnât à la Hongrie une récolte exceptionnelle, en frappant d'une disette, également exceptionnelle, les trois quarts de l'Europe.

Cela est vrai, mais aussi, n'avons-nous pas la prétention de démontrer que la Hongrie peut et doit exporter annuellement, au-delà des frontières de l'Empire, 40 millions de metzens. Une exportation régulière et permanente limitée, si l'on veut, à la moitié ou au tiers de ce chiffre, ne serait-elle pas déjà pour la Hongrie une source incontestable de richesse, un gage assuré de développement dans l'ordre économique, dans la seule voie ouverte aujourd'hui aux nations, pour acquérir un véritable bien-être et une force positive ?

A l'objection énoncée plus haut, nous répondrons, en posant deux questions :

1° Les régions vers lesquelles s'est dirigée l'exportation de 1867 ont-elles, prises toutes ensemble, un besoin constant de céréales atteignant et dépassant annuellement les chiffres de 20 et 25 millions de metzens ?

2° Ces besoins de céréales étrangères étant supposés admis, quelles seraient les conditions à remplir pour assurer à la production hongroise, dans les années ordinaires, une participation régulière de 14 à 15 millions de metzens, en moyenne?

Nous voudrions voir ces deux questions soumises à une étude approfondie par les Chambres de commerce de Pesth, de Vienne, de Prague et de Trieste. Ces corporations sont évidemment les meilleurs juges en cette matière, et un pareil travail présenterait un très-grand intérêt. Toutefois, et sans l'attendre, nous nous permettrons aujourd'hui de pressentir leurs conclusions, et nous pensons qu'elles seraient à peu près les suivantes:

L'Angleterre a des besoins constants de céréales; sa consommation annuelle dépasse sa production, d'au moins 25 millions de metzens, en moyenne. Ce déficit est principalement couvert par les envois de l'Amérique, de la Russie et du nord de la France. Trieste, les places du Nord et les marchés du Rhin, dont l'importance s'accroît sensiblement depuis quelque temps, y participent aussi.

Dans le nord de la Prusse, la consommation du froment tend peu à peu, à mesure que l'amélioration matérielle de la population se développe, à se substituer à celle du seigle, et la Hongrie est sans doute appelée à profiter de cette transformation dans les besoins.

Dans les provinces rhénanes, en Belgique et dans le Nord de la France, le besoin des céréales étrangères augmente, d'année en année, et cela, pour deux motifs: d'une part, le développement des cultures industrielles diminue la production locale, et d'autre part, l'exportation toujours croissante de ces pays vers l'Angleterre les oblige à se couvrir ailleurs; c'est un déplacement qui tend à se produire de l'Est à l'Ouest, et il est impossible de le nier, c'est l'exportation hongroise qui est la cause principale de ce mouvement: c'est elle qui l'entretient, c'est à elle de le développer.

La Suisse, on le sait, a un déficit constant à couvrir, et ce marché est acquis à la Hongrie, avec laquelle ses relations tendent, depuis plusieurs années déjà, à se régulariser.

L'exportation vers le Sud-Ouest est dans la même voie; le mouvement de la Hongrie sur Trieste tend, comme celui dirigé vers la Suisse, à devenir permanent; on peut en suivre la marche dans le tableau ci-dessous, où se trouvent résumées, année par année, les quantités de céréales expédiées de la Hongrie à Trieste, depuis 1861 jusqu'en 1868 :

Tableau des céréales et farines expédiées de la Hongrie à Trieste.

(QUINTAUX DE DOUANE).

ANNÉES.	CÉRÉALES.	FARINES.
1861	2.496.764	203.317
1862	1.517.379	225.450
1863	334.128	172.558
1864	671.043	196.097
1865	2.584.263	270.184
1866	2.277.019	459.161
1867	3.382.391	556.440
1/2 1868	3.070.320	316.750

Si les blés hongrois sont encore aujourd'hui à peu près inconnus à Marseille, le grand marché de la Méditerranée, cela tient à des causes qui n'ont rien d'immuable par elles-mêmes, et, ainsi que nous le verrons tout à l'heure, cet état de choses doit forcément chánger dans un délai très-rapproché.

En résumé, les besoins constants des pays avec lesquels la Hongrie s'est trouvée en relations, depuis un an et demi, dépassent très-largement, année moyenne, le chiffre de 25 à 30 millions de metzens.

Quelles sont donc les conditions à remplir, pour que la Hongrie prenne, sur tous ces marchés, une place inattaquable ? Il faut deux choses : Il faut d'abord que le prix des blés de Hongrie, rendus à la frontière d'Autriche, s'abaisse de 35 à 40 kreutzers par metzen. Mais, précisons bien la chose, il faut que cet abaissement de prix soit spécial aux blés hongrois ; il doit être la conséquence de faits ne se rapportant qu'à la production hongroise, et non la conséquence de faits qui auraient une action générale sur le prix des céréales européennes. En un mot, le prix des blés hongrois doit baisser sans que les prix des marchés étrangers aient à subir l'influence des causes qui amèneront cet abaissement. Une différence de 35 à 40 kreutzers par metzen, soit de 8 à 10 0/0 aurait, dans les années précédentes, rendu possibles des transactions très-considérables qui n'ont pu se réaliser, faute bien souvent d'un écart bien inférieur encore à cette limite, et il en serait par conséquent résulté la régularité et la permanence que nous désirons assurer à l'exportation.

En outre de cet abaissement des prix, il faut encore que le commerce puisse compter sur une rapidité et une régularité dans le transport, qui n'ont point été encore atteintes, jusqu'ici, d'une manière satisfaisante.

Le problème étant ainsi nettement posé, nous allons en étudier la solution.

Le prix des blés hongrois, rendus à la frontière d'Autriche, que cette frontière soit Oderberg, Bodenbach, Salzbourg ou Trieste, se compose toujours de quatre éléments distincts :

1° Le prix de production ;

2° Le prix de transport local, c'est-à-dire le prix de transport depuis la ferme jusqu'à la grande voie de communication, chemin de fer ou voie navigable, qui doit l'emporter au dehors ;

3° Le prix de transport sur cette grande voie ;

4° Les frais divers qui grèvent l'expédition, sur les marchés où les conditions commerciales exigent très-souvent un arrêt.

Sur le premier élément, le prix de production, il n'y a rien à gagner ; tout au plus, peut-on espérer le maintien des prix actuels, en présence de l'élévation forcée des impôts et du renchérissement de la main-d'œuvre.

Sur le deuxième élément, le prix de transport local, il y a évidemment un grand changement à attendre et à espérer ; mais il faudra beaucoup de temps pour arriver à un résultat appréciable, et si nous nous arrêtons, quelques instants, sur cette face de la question, c'est uniquement à cause de l'intérêt qu'elle présente par elle-même ; ce n'est pas là, hâtons-nous de le dire, que nous comptons trouver la solution de notre problème.

Qu'a-t-on fait, depuis sept ans, en Hongrie pour améliorer les voies de communication locales ? Rien absolument, moins que rien peut-être, car l'état moyen de ces voies a plutôt empiré.

Avant de rien entreprendre, il conviendrait d'abord d'arrêter un programme complet, et, ce travail une fois fait, il faut en poursuivre la réalisation, sans se laisser arrêter par les froissements d'intérêts locaux, en marquant chaque année, chaque mois par des progrès, mais sans vouloir trop entreprendre à la fois, ce qui est le moyen le plus sûr de ne rien faire.

Ce programme est-il fait ? Nous ne le pensons pas.

Au point de vue de la constitution géologique du sol, les différentes provinces de la Hongrie sont loin d'être homogènes. Vouloir appliquer dans toutes les parties de cet immense territoire un système identique de voies de communication serait, de la part de son gouvernement, un acte aussi peu raisonnable que le serait, de la part d'un médecin, l'idée de traiter toutes les maladies avec le même remède. La Hongrie peut, au point de vue spécial qui nous occupe, être divisée en deux parties bien distinctes. Dans l'une, la nature a partout, sinon prodigué, du moins largement placé les matières indispensables pour la création et l'entretien des routes ordinaires. Qu'on fasse là ce qui a été fait ailleurs ; qu'on prenne pour modèles, non pas les routes impériales ni même les routes départementales de la France, mais seulement, l'admirable réseau des routes de troisième ordre qui a été créé, depuis quelques années, sous le nom de *chemins vicinaux de grande communication*. Dans la moitié de la Hongrie, on peut faire des chemins semblables à ceux-là, pour un prix moyen de 30 à 40,000 florins, par mille ; si l'entretien en est bien organisé, leur viabilité sera telle que le prix de transport d'un quintal à un mille ne dépassera pas 3 kreutzers par mille, tandis que les prix actuels sont de 5, 8 et 10 kreutzers.

Dans l'autre partie du territoire, que la nature, sous le rapport des matériaux de construction, mais sous ce rapport seulement, on peut le dire, a traitée en marâtre, vouloir faire des routes ordinaires serait une folie ; là, il faut faire des chemins de fer, mais des chemins de fer coûtant 100 à 120,000 florins par mille, et des canaux coûtant moins encore ; mais il ne faut pas demander des canaux ayant 40 pieds de largeur, des écluses comme des monuments et pouvant recevoir les plus grands « schleppes » du Danube, avec leurs 10,000 quintaux de charge. Qu'on couvre le Banat d'un réseau de chemins de fer ou de canaux établis dans cet ordre d'idées, et, dans quelques années, le Banat sera une ferme-modèle.

Si la Hongrie veut consacrer chaque année, pendant dix ans, 6 millions de florins à établir 60 milles de chemins et 40 milles de railways ou de canaux, elle aura dans dix ans un ensemble de 1,000 milles de voies de communication locales. 200 millions de quintaux, qui paient aujourd'hui 30, 40, 50 kreutzers, et plus, pour des parcours de quelques milles, seront dégrevés de moitié ou des deux tiers de cette lourde charge : le revenu net du pays se sera par lui-même accru de 40 ou 50 millions, et le capital dépensé n'aura pas été mal placé.

Mais revenons à notre étude essentielle, et arrivons à l'examen du troisième élément du prix des céréales ; voyons s'il est possible de diminuer la taxe payée pour le transport, depuis la station de départ jusqu'à la frontière.

Si, plaçant sous nos yeux la carte de Hongrie, nous cherchons à nous rendre compte de l'ensemble des voies de communication dont la nature et la main des hommes ont doué ce riche territoire, c'est d'abord le Danube qui attire notre attention.

Le grand fleuve qui, à partir de Vienne, coule de l'ouest à l'est, s'infléchit brusquement à angle droit un peu en amont de Pesth, et se dirige directement au sud. Au point de vue spécial de l'exportation des céréales, le Danube établit une démarcation bien tranchée entre les deux parties du royaume. Le courant commercial qui entraîne les blés hongrois se dirigeant exclusivement de l'est à l'ouest, il en résulte que, pour les produits de la rive droite, le fleuve n'a, pour ainsi dire, aucun intérêt, tandis que tous ceux de la rive gauche, sauf de très-faibles exceptions, doivent se diriger d'abord vers la grande voie navigable, qui joue le rôle d'une artère collectrice.

Un examen ultérieur de la carte révèle tout d'abord une étrange anomalie : de Pesth à Titel, sur une longueur de 70 milles, le Danube ne reçoit sur sa rive gauche aucun affluent, et l'œil suit avec étonnement le cours de la Theiss qui, sur toute cette longueur, coule parallèlement au fleuve, le séparant, l'isolant de tout le territoire situé plus à l'est. Le tonnage très-considérable qui, en vertu de ces dispositions naturelles, se concentre sur la Theiss, doit donc, pour arriver au Danube, ou bien quitter la Theiss elle-même et prendre les chemins de fer à Szolnok ou à Szegedin, ou bien subir le détour par Titel. Toutes les céréales venant de la vallée de la Theiss, forcées, comme il a été dit plus haut, d'arriver au Danube, ont à supporter, comme conséquence de cet état de choses, une surtaxe de transport, qui est, au minimum, de 15 kreutzers par metzen.

Deux centres principaux de concentration se créeront évidemment sur les bords du Danube, pour les blés de la rive gauche du fleuve, en raison même des conditions géographiques de l'exportation. Pesth sera toujours, et de beaucoup, le plus important ; il fournira à la fois aux quatre courants du Nord, du Nord-Ouest, de l'Ouest et du Sud, mais il s'en formera un autre plus au Sud, à Essegg, ou à Mohacs, qui prendra sa part dans le mouvement des trois dernières routes. Pour amener économiquement les blés de la rive gauche jusqu'à ces deux grands entrepôts, il suffit de compléter et de réaliser des œuvres commencées ou projetées depuis un siècle ; il faut relier Pesth à la Theiss, par un canal de grande navigation; il faut améliorer le Franzens-Canal qu'on laisse se perdre, et le prolonger sur la rive gauche de la Theiss jusqu'au Bega-Canal, de manière à établir une voie navigable directe entre le Banat et le Danube. Nous laissons au commerce lui-même le soin de calculer les conséquences de ces travaux, et nous ne craignons pas de voir les résultats de ses calculs rester au-dessous de nos prévisions.

L'ouverture de ces deux voies navigables, que l'État devrait garder entre ses mains, aurait immédiatement pour effet d'abaisser, de 15 kreutzers, au moins, par metzen, les prix de transport jusqu'au Danube, non-seulement de tous les blés qui naviguent sur la Theiss, mais aussi de tous ceux qui viennent d'au-delà de cette rivière; ces canaux seraient non-seulement le complément nécessaire des chemins de fer, mais ils seraient aussi, dans les mains de l'État, le moyen d'action le plus puissant pour la régularisation des tarifs.

Prenons maintenant, à partir des entrepôts du Danube, chacune des quatre grandes directions suivies par le courant de l'exploitation, et voyons ce que leur promet un avenir de trois ou quatre années :

Direction du Nord. — Dans trois ans, la ligne de Pesth à Tarjan peut et doit être prolongée, jusqu'à la ligne de Kaschau à Oderberg. La nouvelle route de Pesth à Oderberg sera de 15 à 16 milles plus courte que la route actuelle par Marchegg ; de là, une différence de 15 à 16 kreutzers au moins. A propos de cette ligne, s'il nous était permis d'émettre un vœu dans l'intérêt même de la Hongrie, nous dirions que le gouvernement, déjà propriétaire des lignes de Pesth à Tarjan et de Hatvan à Miskolcz, doit finir la ligne du Nord et conserver la propriété de ce réseau, au moins pendant quelques années. Il y a là un trésor latent dont la véritable valeur se révèlera dans une courte période, et doit très-largement dépasser tous les sacrifices que l'achèvement de l'œuvre peut exiger aujourd'hui.

Direction du Nord-Ouest. — Ce mouvement appartient jusqu'ici, presque exclusivement à la ligne de Pesth-Marchegg, ou Vienne-Prague-Bodenbach. La carte nous montre que bientôt, à partir d Vienne, trois lignes auront à se le disputer, dont une, la Franz-Josefs-Bahn, présente sur la route actuelle, pour les parcours entre Vienne, d'une part, et les places du Rhin, d'autre part, un raccourcissement de 18 à 20 milles, en moyenne. De Vienne à Hambourg, le chemin du Nord-Ouest de l'Autriche apportera, lui aussi, un raccourcissement de 14 milles. Il ne faudrait pas se hâter de conclure de là que les transports quitteront leur route actuelle. La Société Autrichienne surtout, après l'achèvement de la ligne Marchegg-Brunn, en construction aujourd'hui, aura pour elle, vis-à-vis de ses concurrents, la force énorme que donne toujours à un chemin de fer la possession du point de départ et la jouissance d'un plus long parcours. Mais il en résultera forcément, sur le prix de transport entre les stations de Hongrie et la frontière Nord-Ouest de l'Autriche, un abaissement d'au moins 10 à 15 0/0 sur les prix actuels, soit d'environ 15 kreutzers, par metzen.

Direction de l'Ouest. — Vienne est aujourd'hui le point de passage obligé, le point de concentration de tout ce mouvement; de la Hongrie jusqu'à Vienne, trois voies distinctes, les chemins de fer des deux rives du Danube et le fleuve lui-même, se le partagent; à partir de Vienne, la West-Bahn et les chemins qui lui font suite, en ont le monopole. L'insuffisance de ces lignes à remplir, dans leur état actuel, la mission qui leur incombe, est un fait notoire; mais au lieu d'accuser, comme on l'a fait, la Compagnie de la West-Bahn, peut-être eût-il été plus juste de remonter aux causes qui ont placé cette entreprise dans l'impossibilité de mieux faire. On recueille aujourd'hui les fruits de la politique étroite qui a présidé, il y a quelques années, aux destinées économiques de l'Autriche.

La construction de deux chemins de fer, dont l'un, celui de Villach à Brixen, sera terminé dans trois ans, et dont l'autre, celui d'Innsbruck à la frontière suisse, ne peut être longtemps retardé, en raison de son importance vitale pour l'Autriche, aura sans aucun doute une influence considérable sur l'exportation de la Hongrie dans la direction de l'ouest. Du Banat vers la Suisse et la France, la véritable route économique sera celle qui, partant d'Essegg, ou de Mohacs, se dirige par Marburg, Villach, Innsbruck, Bregenz et Bâle. La seule section de cette grande ligne qui n'est point encore décidée, celle d'Innsbruck à Feldkirch, devient, chaque jour, pour l'Autriche une nécessité économique et politique plus évidente. Au départ de Pesth, la route par Kanizsa et Marburg réalisera encore, sur le prix et le parcours actuels, une différence notable. De Pesth à Romanshorn par le Tyrol, la distance sera de 125 milles et demi; elle est de 140 milles par Salzbourg.

Le tableau ci-dessous donne la comparaison des prix de transport des principales stations de la Theiss à Romanshorn, tels qu'ils sont aujourd'hui par la route de Salzbourg, et tels qu'ils seraient, si la nouvelle ligne était achevée, soit en passant par Mohacs, soit en passant par Pesth-Ofen.

(Les prix sont indiqués en francs par tonne de 20 quintaux.)

DE	A ROMANSHORN		
	par Salzbourg.	par Ofen et la Carinthie.	par Mohacs ou Essegg et la Carinthie.
Gross-Behereck.	89.76	77.20	67.70
Temesvar......	86.17	79.30	70.20
Szolnok.......	81.60	69.70	—
Szegedin	82.16	70.70	70.20
Pesth	70.75	58.20	—
Mohacs ou Essegg........			57.70

Les différences sont des plus sensibles et varient de 10 à 20 francs par tonne, soit de 20 à 40 kreutzer argent par quintal.

Pour les points au delà de Romanshorn, la comparaison entre les deux routes donne des résultats variables, suivant la position des points destinataires. De Pesth à Paris, par exemple, la ligne passant par le Tyrol et la Suisse présente un avantage de 10 milles contre la route actuelle.

Direction du Sud-Ouest. Trois routes, dont deux chemins de fer débouchant à Pesth et à Mohacs, et, plus au sud, une voie mixte, la Save et le chemin de fer de Croatie, relient le Danube hongrois au port de l'Adriatique.

Pour compléter les moyens propres à activer l'exportation dans cette direction, les travaux suivants restent à faire.

1o Il faut améliorer la navigabilité de la Drave, entre Essegg et Barcs. Un bon résultat est ici très-facile à atteindre, et les conséquences en sont faciles à chiffrer : si un bateau arrivant de Titel ou même de Franzens-Canal peut remonter la Drave jusqu'à Barcs, il en coûtera au plus 12 kreutzers par metzen depuis Essegg jusqu'à cette station, tandis que, de Mohacs à Barcs, il en coûte 20 kreutzers. L'amélioration de la Drave, entre Essegg et Barcs, est donc des plus désirables, et son action se ferait sentir non-seulement sur l'exportation du Sud-Ouest, mais aussi sur celle de l'Ouest et du Nord-Ouest.

2° Il faut construire le chemin de fer d'Essegg à Sissek.

3° Il faut enfin améliorer la Save, car les voies navigables, toujours plus économiques que les chemins de fer, en sont les régulateurs naturels.

L'exportation des blés hongrois dans la direction du Sud-Ouest est encore appelée à profiter, sur une large échelle, de travaux qui s'exécutent aujourd'hui, bien au delà des frontières de l'Autriche. C'est là un fait dont personne ne paraît apprécier la portée, et dont l'influence sera cependant aussi féconde qu'elle est incontestable ; nous voulons parler de l'achèvement, aujourd'hui assuré dans un court délai, du tunnel du Mont-Cenis et du chemin de fer de Nice à Gênes.

Les marchés de Marseille et de Lyon seront dès lors ouverts aux blés de Hongrie ; la distance de 200 à 220 milles qui les séparera des ports du Danube, sera facilement franchie en cinq jours, au prix moyen de 60 francs par tonne, le parcours s'effectuant, presque en totalité, sur les lignes d'une seule Compagnie. Il en coûte plus cher aujourd'hui pour arriver à Marseille par Trieste, et il faut un mois et demi, sans compter les chances de transbordement et les risques de mer.

On s'étonnera sans doute qu'à propos de l'exportation vers la Méditerranée, nous ne parlions pas de la ligne de Carlstadt à Fiume. La raison en est bien simple ; nous avons étudié cette question, comme c'était d'ailleurs notre devoir, avec tout le soin possible, et il nous a été jusqu'ici impossible de trouver un seul motif qui, au point de vue économique, le seul que nous ayons à considérer, pût militer en faveur de l'établissement de cette ligne. Cette opinion paraîtra peut-être paradoxale, mais elle est facile à justifier. La ligne de Saint-Peter à Fiume, aujourd'hui définitivement décidée, sera ouverte dans trois ans ; la route d'Agram à Fiume par Steinbruck sera dès lors complète ; elle est d'à peu près 11 milles plus longue que la route directe par Carlstadt ; comme temps, la différence de trois ou quatre heures qui en résulte est évidemment insignifiante, pour des transports de marchandises ; comme prix, la route de Saint-Peter a l'avantage; la Compagnie du Sud ne refuserait probablement pas, aussi longtemps que la ligne par Carlstadt ne serait pas entreprise, de ne compter, dans l'application de ses tarifs, la ligne Agram-Saint-Peter-Fiume que pour la longueur Agram-Carlstadt-Fiume, et comme le tarif de 1 kreutzer, par quintal et par mille, de la Sudbahn ne pourra pas être admis sur la ligne directe, si l'on veut seulement que l'exploitation couvre ses frais, il en résulte la vérité du fait énoncé plus haut, savoir : que le transport d'un quintal de blé d'Agram à Fiume sera plus cher par la route directe qu'il ne le serait, si cette route n'était pas faite. Il faudra à la ligne Carlstadt-Fiume un mouvement de 5 millions de quintaux, uniquement pour couvrir les frais de l'exploitation, avant que le capital employé retire rien ; le trafic réel atteindra-t-il ce chiffre?

Si on dit que la ligne directe de Fiume doit être faite en raison de motifs politiques, c'est tout autre chose; la politique a des exigences devant lesquelles l'économiste doit s'incliner, tout en les regrettant. Cette ligne coûtera à la Hongrie quarante millions de florins, et ne rendra rien. C'est peu, si la politique l'exige ; c'est beaucoup trop pour aujourd'hui, si on ne poursuit qu'un but économique; avec cette somme, il y a mieux à faire en Hongrie, pour le moment; avec cette somme , il ne faut pas l'oublier, on peut faire en Hongrie :

Ou 100 milles de chemins de fer ordinaires;
Ou 400 milles de chemins de fer et de canaux vicinaux ;
Ou 1,000 milles de chemins macadamisés.

Si nous résumons les données qui précèdent, nous arrivons à constater les faits suivants :

L'ouverture de deux voies navigables, l'une de la Theiss à Pesth, l'autre reliant le Banat au Franzens-Canal, apportera une économie de 15 kreutzers environ, par metzen, pans les prix de transport jusqu'au Danube.

L'achèvement de la ligne du Nord hongroise, de la Franz-Josefs-Bahn, de l'OEsterreichische Nord-West-Bahn, de la ligne de Villach à Brixen, de la ligne d'Innsbruck à Bregenz, de la ligne d'Essegg à Sissek, de la ligne du Mont-Cenis et de la ligne de Gênes à

Nice, apportera une économie de 15 à 30 kreutzers au moins par metzen, dans les prix de transport du Danube aux principaux marchés européens ouverts aux blés hongrois, au total 30 ou 50 kreutzers par metzen, depuis les stations de départ de la rive gauche du Danube jusqu'à destination. Quant aux blés de la rive droite, ils sont déjà placés dans des conditions qui leur assurent une exportation plus facile et plus avantageuse, et ils profiteront des économies apportées dans le transport vers le Nord-Est, l'Ouest et le Sud.

La même période de quelques années, qui verra finir ces voies nouvelles, verra évidemment aussi s'améliorer les lignes actuelles. Les secondes voies seront établies là où l'expérience en a démontré la nécessité, et le meilleur moyen sur lequel on puisse compter pour atteindre la régularité et la rapidité désirables, la concurrence établie pour chaque direction, ne manquera pas de produire son effet naturel.

Il nous reste à étudier le quatrième élément du prix de revient des céréales exportées, c'est-à-dire les frais qui grèvent la marchandise, là où les conditions du commerce l'obligent à s'arrêter.

Il est certain qu'une partie des blés expédiés de Hongrie à l'étranger va et ira directement, sans arrêt intermédiaire ; il en est ainsi, surtout dans les moments de grande activité ; mais la condition absolue de la permanence et de la régularité dans l'exportation, c'est la création de grands entrepôts, où le commerce soit assuré de rencontrer toujours des stocks considérables.

Pesth est déjà un entrepôt, mais à quel prix ? Le commerce peut dire ce que coûte à Pesth le transport de la gare ou du bateau au magasin, le magasinage lui-même, l'entretien et le transport pour la réexpédition.

Que de réclamations et que de plaintes contre l'insuffisance de la gare de Pesth, aujourd'hui cependant une des plus grandes de l'Europe ! on l'a agrandie et agrandie de nouveau ; on a multiplié les surfaces couvertes ; le même inconvénient subsiste et subsistera toujours. On oublie à tort qu'une gare de chemin de fer n'est pas un entrepôt, et on ne fait rien de ce qui serait nécessaire pour améliorer un état de choses des plus nuisibles au développement du commerce. Il faut cependant, si on veut arriver à un résultat, faire ce qu'exige la force même des choses.

Il faut créer à Pesth de vastes docks à céréales, pouvant contenir plusieurs millions de metzens ; il faut que ces docks soient établis dans les conditions les plus perfectionnées de la science moderne, de manière que l'entrée, l'entretien, la manipulation des blés puissent s'y effectuer, dans les conditions de la plus grande économie ; il faut que ces entrepôts soient placés de telle façon que les bateaux du canal et du Danube, que les wagons des diverses lignes de chemins de fer puissent y arriver, y déposer leurs chargements et en recevoir de nouveaux, avec le minimum de frais ; il faut enfin qu'un pont soit établi sur le fleuve, pour relier les railways des deux rives.

Que ce programme soit accompli, et qu'on dise si les frais relativement énormes de 12, 15 et 20 kreutzers par metzen, qui grèvent les céréales entreposées à Pesth, ne se réduiront pas des trois quarts.

Des magasins de même genre devraient aussi être établis à Mohacs ou à Essegg, afin d'éviter au commerce, pour les directions de l'Ouest et du Sud-Ouest, les inconvénients résultant de l'interruption de la navigation.

Sept années se sont écoulées depuis le moment où, à propos de cette question de l'alimentation générale de l'Europe, le nom de la Hongrie a été prononcé pour la première fois. Franchissons par la pensée une période égale, et demandons-nous ce que pourrait dire alors celui à qui viendrait l'idée de reprendre une troisième fois le même sujet. Ce travail se réduirait probablement à copier dans les différents journaux de l'époque des bulletins dans ce genre :

« Marseille. — Lundi .... 1875.

» Le marché des blés a été assez animé ; il s'est traité 15,000 hectolitres de blés de Hongrie, que le vendeur s'est obligé à livrer sur place, samedi prochain. »

« Paris. — Bulletin de la halle du 1875

» Blés et farines. Il s'est traité aujourd'hui 10,000 sacs de farine de Pesth, des moulins de... et 12,000 hectolitres de froment hongrois ; la direction des docks de Pesth a avisé le bureau des halles, à la fin de la Bourse, que l'expédition aurait lieu, demain matin ; la livraison doit avoir lieu dans les six jours. »

Et ainsi de suite, pour Romanshorn, Mannheim, Cologne, Berlin, etc.

« Pesth, le. . . . . 1875.

» *Mouvement du dock des blés dans la journée d'hier.*

» Entrées { Par eau. . . . . 45.000 metzens.
{ Par chemin de fer . . . . 37.000 »

Total . . . . 82,000 »

» Sorties . . . . 110,000 »

» *Stock à ce jour.*

» Froment . . . . 3.750.000 »
» Seigle . . . . 1.150.000 »
» Orge. . . . . 825.000 »

Total. . . . 5.725.000 »

Et alors, on pourra dire que Pesth est bien réellement le grenier de l'Europe.

Mais, comme nous écrivons en 1868, on alléguera peut-être que cela est un rêve, que cet avenir est impossible !

Heureusement, notre génération vit littéralement au milieu d'une foule de choses qui ont été hautement déclarées impossibles, soit par elle-même, soit par la génération précédente.

Eh bien ! toutes ces choses impossibles, elles sont là ; notre génération en use chaque jour, sans comprendre l'effort qui a été nécessaire pour les créer.

Et il en sera ainsi des prévisions qui forment l'objet de ce travail. Dans quelques années, tous ces rêves d'aujourd'hui seront devenus des réalités.

Le programme que nous venons d'esquisser peut se diviser en deux parties :

L'une doit s'accomplir entièrement sur le sol de la Hongrie, et son accomplissement ne dépend que de la Hongrie.

Quant à l'autre partie, elle peut en faciliter la réalisation, par son concours ; elle ne doit pas notamment perdre de vue que l'exécution de la ligne Innsbruck-Feldkirch a, pour l'exportation hongroise, une importance de premier ordre. Encore quelques années de persévérance dans la voie que le Ministère des Communications Hongrois suit depuis deux ans, avec une énergie qu'il n'est que juste de reconnaître, et le but sera atteint.

Vienne, novembre 1868.

E. BONTOUX.

TABLEAU

DES EXPORTATIONS DE L'EMPIRE D'AUTRICHE.

QUINTAUX DE DOUANE.				
ANNÉES.	CÉRÉALES DE TOUTE NATURE.	ANNÉES.	CÉRÉALES.	FARINES.
1855	2.449.284	1861	8.737.659	797.974
1856	4.651.200	1862	8.381.761	880.069
1857	3.289.270	1863	4.452.991	735.046
1858	2.242.072	1864	4.310.218	811.864
1859	2.051.032	1865	9.741.003	1.183.753
1860	6.800.768	1866	8.571.438	1.325.307
		1867	20.659.904	2.144.671

IMP. CENTRALE DES CHEMINS DE FER. — A. CHAIX ET Cⁱᵉ, RUE BERGÈRE, 20, A PARIS. — 18-9.